Mit Illustrationen für umfassendes Lernen

KOREANISCHE GESCHICHTE

Leicht Gemacht

Für Kinder und Erwachsene gleichermaßen!

Woosung Kang

Copyright © 2024 by Woosung Kang

Alle Rechte vorbehalten.

Ohne vorherige schriftliche Genehmigung des Herausgebers darf kein Teil dieser Publikation vervielfältigt, verbreitet oder durch Kopieren oder Aufzeichnen oder in irgendeiner Form oder Weise, einschließlich elektronischer oder physischer Mittel, verschickt werden, außer für kritische und andere nicht-kommerzielle Zwecke, soweit dies nach dem Gesetz über geistiges Eigentum zulässig ist.

Für Anfragen zu Genehmigungen und Urheberrechten kontaktiere bitte den Autor unter

marketing@newampersand.com

ISBN 979-11-93438-13-8

NEW AMPERSAND PUBLISHING
newampersand.com

Für viele weitere Bücher

Vor langer Zeit lebte weit oben im Himmel ein Gott namens Hwanin 환인.

Sein Sohn, Hwanung 환웅, wollte den Menschen auf der Erde helfen.

Hwanin schickte ihn deshalb hinunter zum Berg Taebaek 태백산.

Dort errichtete Hwanung eine Stadt namens Sinsi 신시 und herrschte über die Menschen.

Eines Tages trabten ein Bär und ein Tiger auf Hwanung zu.

Sie hatten einen großen Wunsch: Menschen zu werden!

Freundlich hörte Hwanung ihnen zu und reichte ihnen Beifuß und Knoblauch.

"Esst das und verbringt 100 Tage in einer Höhle", befahl er lächelnd.

Daraufhin zogen der Bär und der Tiger los und freuten sich auf ihr magisches Abenteuer.

Der Tiger wurde ungeduldig und stürmte aus der Höhle.

Der Bär blieb jedoch an Ort und Stelle und mampfte Tag für Tag Beifuß und Knoblauch.

Und dann geschah etwas Erstaunliches!

Nach all der Geduld, die sie aufgebracht hatte, verwandelte sich der Bär in eine schöne Frau.

Hwanung war überglücklich und schenkte ihr einen besonderen Namen: Ungnyeo 웅녀, was "Bärenfrau" bedeutet.

Nachdem Ungnyeo eine Frau geworden war, verliebte sich Hwanung sehr in sie.

Gemeinsam bekamen sie einen hübschen Sohn und nannten ihn Dangun 단군.

Dangun baute mit großer Weisheit und Mut eine prächtige Stadt namens Asadal 아사달.

Von hier aus legte er den Grundstein für ein Land namens Gojoseon 고조선.

Es war das allererste Land in Korea!

Rund 2000 Jahre lang führte Dangun das Land mit seiner weisen Idee *hong ik in gan* 홍익인간.

Das bedeutet "Der Menschheit im Großen und Ganzen nutzen".

Er war davon überzeugt, allen zu helfen und so allen ein gutes Leben zu ermöglichen.

Auf Gojoseon folgte die Epoche der Drei Königreiche.

Es handelte sich um eine Periode des Wettbewerbs und der Entwicklung zwischen den Drei Königreichen.

Sie hießen Goguryeo 고구려, Baekje 백제 und Silla 신라.

Sie bestanden etwa 700 Jahre lang von 18 v. Chr. bis 668 n. Chr..

Man führte Kriege, um mehr Land zu bekommen und die Reiche zu vergrößern, aber alle glaubten an den Buddhismus und schätzten die Künste.

Außerdem schlossen sie Freundschaften mit anderen Ländern wie China und Japan.

Die Epoche der Drei Königreiche war ein bedeutendes Kapitel in der Geschichte Koreas.

Es war eine Zeit außergewöhnlichen Wachstums und erstaunlicher Entwicklung in der koreanischen Kultur und Geschichte.

Goguryeo wurde im Jahr 37 v. Chr. von Jumong 주몽 gegründet und zeichnete sich durch seinen starken und mutigen Charakter aus.

Es war das größte der Drei Königreiche!

Das Volk von Goguryeo war bekannt für seine erstaunlichen Fähigkeiten im Bogenschießen!

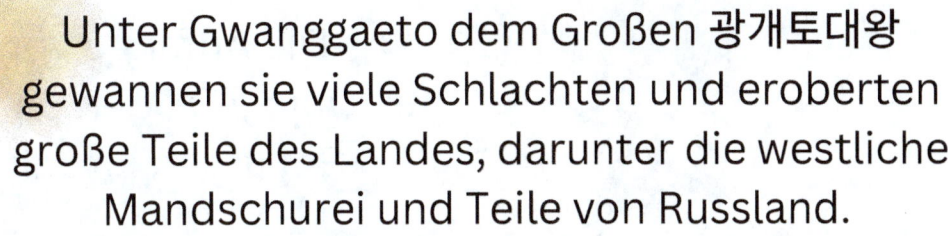

Unter Gwanggaeto dem Großen 광개토대왕 gewannen sie viele Schlachten und eroberten große Teile des Landes, darunter die westliche Mandschurei und Teile von Russland.

Zudem erlangten sie die Kontrolle über den größten Teil der koreanischen Halbinsel, indem sie Baekje besiegten.

Man beschrieb all seine großartigen Taten auf einem riesigen Stein, der Gwanggaeto-Stele.

Sie wurde nahe der Grenze zwischen China und Nordkorea aufgestellt.

Sie ist bis heute der größte eingemeißelte Stein der Welt!

Als die chinesische Sui-Dynastie einmarschierte, stand ihnen ein harter Kampf bevor.

Mit einer List brachte jedoch General Eulji Mundeok 을지문덕 die Sui-Soldaten dazu, den Fluss Salsu zu überqueren.

Daraufhin wurde ein Damm geöffnet, wodurch viele Sui-Soldaten ertranken.

Der Rest wurde von der Kavallerie der Goguryeo besiegt.

Insgesamt starben über 300.000 Sui-Soldaten, während Goguryeo nur etwa 2.700 verlor.

Die Anfänge von Baekje gehen auf Onjo 온조, den Sohn von Jumong von Goguryeo im Jahr 18 v. Chr. zurück.

Dank des regen Handels mit anderen Ländern auf dem Seeweg wurde es zu einem wohlhabenden Land.

Onjo regierte als König 46 Jahre lang. Während seiner Herrschaft schuf er ein kraftvolles Fundament für ein mächtiges Königreich, das beeindruckende 678 Jahre lang Bestand hatte!

Der Buddhismus spielte in Baekje eine bedeutende Rolle.

Berühmt aus dieser Zeit ist eine Buddha-Statue mit einem besonderen Lächeln, dem "Baekje-Lächeln".

Etwa im 3. Jahrhundert n. Chr., zu Zeiten von König Goi 고이왕 und König Geunchogo 근초고왕, beherrschte es einen großen Teil Zentralkoreas, einschließlich des gesamten Gebiets am Han-Fluss.

Dieses erstaunliche Objekt, das Große Räuchergefäß aus vergoldeter Bronze, wurde vermutlich im 6. Jahrhundert hergestellt.

Darauf sind Drachen und Phönixe abgebildet.

Man geht davon aus, dass er für besondere Zeremonien wie die Ehrung der Vorfahren oder andere große Ereignisse verwendet wurde.

Silla entstand um 57 v. Chr. mit Bak Hyeokgeose 박혁거세.

Die Bevölkerung war vom Buddhismus stark geprägt.

In Gyeongju 경주, der Hauptstadt, bauten sie viele prächtige Tempel und Statuen.

Die gigantische Seokguram-Grotte 석굴암 ist eine von Menschen erbaute Höhle.

Sie bildet einen besonderen Teil des Bulguksa-Tempels 불국사 auf dem Berg Toham 토함산.

Sie wurde von der UNESCO als Weltkulturerbe anerkannt.

Ein wahres Meisterwerk!

Die Einwohner von Silla, vor allem die reichen, liebten ausgefallene Dinge, insbesondere Gold.

Sie fertigten wunderschöne goldene Kronen, Gürtel und Schmuckstücke an. Aus diesem Grund wird es auch "Das Goldene Königreich" genannt.

Diese prachtvolle Goldkrone wurde in einem Königsgrab gefunden.

Es wird angenommen, dass sie einem König gehörte.

Cheomseongdae 첨성대 ist ein steinerner Turm, der vermutlich zur Beobachtung der Bewegung der Sterne diente.

Es handelt sich um das älteste Observatorium der Welt! Und erstaunlicherweise wurde sie seit ihrer Erbauung nicht verändert oder repariert!

Dieser Ziegel wird auf Dach- oder Mauerrändern angebracht und stellt ein glückliches menschliches Gesicht dar.

Die Leute nennen es "Das Lächeln von Silla".

Im Gegensatz zu anderen Kulturen, in denen gruselige Gesichter wie Kobolde verwendet werden, haben die Menschen in Silla ein freundliches Lächeln aufgesetzt, damit sich böse Geister besser fühlen und verschwinden.

Während der Epoche der Drei Königreiche konkurrierten die drei großen Reiche ständig miteinander.

Sie führten viele Schlachten, in denen sie sich manchmal mit anderen Ländern zusammentaten, um zu gewinnen.

So schloss sich Silla im Jahr 648 mit der chinesischen Tang-Dynastie zusammen, woraufhin Baekje im Jahr 660 zu Fall gebracht wurde.

Anschließend wurde Goguryeo im Jahr 668 von Silla und Tang besiegt.

Im Jahr 676 vertrieb Silla schließlich die Truppen der Tang-Dynastie und vereinigte alle drei Königreiche unter dem Namen "Vereinigtes Silla" 통일신라.

König Munmu der Große 문무대왕 herrschte über dieses neue Königreich, das noch 260 Jahre lang Bestand haben sollte.

Silla war nach der Vereinigung der Drei Königreiche zu einem mächtigen Reich geworden,

wurde jedoch im 9. Jahrhundert aufgrund von Kämpfen innerhalb des Reiches geschwächt.

Im Jahr 918 gründete König Taejo 태조, auch bekannt als Wang Geon 왕건, eine neue Dynastie namens Goryeo 고려.

Im Jahr 935 kapitulierte das vereinigte Silla vor Goryeo.

Unter der Goryeo-Dynastie breitete sich der Buddhismus weit und breit aus und erreichte viele Menschen.

Die Hauptstadt besaß über 70 Tempel.

Diese Periode wurde das "Goldene Zeitalter des Koreanischen Buddhismus" genannt.

Goryeo pflegte regen Handel mit vielen anderen Ländern.

Kaufleute aus der Song-Dynastie, Arabien, Südostasien und Japan waren häufig zu Gast.

In der Folgezeit begann jeder, Goryeo als "Korea" zu kennen.

Goryeo-Celadons sind besondere Töpferwaren, die aufgrund ihrer herrlichen grün-blauen Farbe und ausgefallenen Muster berühmt sind.

Sie gehörten zu den beliebtesten Waren!

Auch im Bereich Wissenschaft und Technik war Goryeo hervorragend.

Sie schufen die erste Metallschrift der Welt, die für den Druck verwendet wurde.

Bei dem ältesten gedruckten Buch handelt es sich um das Jikji 직지 aus dem Jahr 1377.

Es entstand 78 Jahre vor dem ersten Buch mit Metallbuchstaben im Westen, das 1455 von Gutenberg hergestellt wurde.

Es befindet sich in der französischen Nationalbibliothek und wurde 2001 in die Liste des Weltkulturerbes aufgenommen.

Beginnend im Jahr 1231 wurde Goryeo vom Mongolenreich (das 1271 zur Yuan-Dynastie wurde) etwa dreißig Jahre lang bis 1259 angegriffen.

Auch nachdem die Mongolen Goryeo erobert hatten, blieb das Volk standhaft.

Sie wehrten sich weiter und verlagerten ihre Stützpunkte an verschiedene Orte wie Jindo und die Insel Jejudo.

Ab Mitte des 14. Jahrhunderts gelang es Goryeo, wieder unabhängig zu werden.

Zu den Besonderheiten aus dieser Zeit gehört das Tripitaka Koreana 팔만대장경 im Haeinsa-Tempel.

Hierbei handelt es sich um eine Sammlung buddhistischer Lehren, die auf 81.258 hölzernen Druckstöcken im 13. Jahrhundert eingeritzt wurden.

Man fertigte sie an, um sich gegen die mongolischen Soldaten zu wehren.

Man hoffte, dass es die Hilfe Buddhas bringen würde.

Die Anfertigung der Tripiṭaka Koreana ist ein Symbol für ihr entschlossenes Engagement zum Schutz ihres Landes.

Taejo 태조, auch bekannt als Yi Seong-gye 이성계, war der erste König der Joseon-Dynastie 조선 und regierte von 1392 bis 1398.

Zuvor war Goryeo aufgrund von Kriegen mit den Mongolen im Zerfall begriffen.

Ursprünglich war Yi Seong-gye ein General.

Seine Streitkräfte waren mächtig und hielten die mongolischen Reste und die japanischen Piraten fern.

Doch dann forderte die chinesische Ming-Dynastie einen Teil von Goryeos Land.

Das Volk entzweite sich in zwei Fraktionen - die eine wollte Krieg, die andere wollte Frieden.

Yi Seong-gye, der für Frieden war, wurde auserwählt, den Krieg zu führen.

Auf der Insel Wihwado änderte er jedoch seine Pläne und wurde selbst König und gründete die Joseon-Dynastie.

Nach seiner Ernennung zum König änderte Taejo den Namen des Landes zu Joseon und wählte Hanyang 한양 (heute Seoul 서울) als Hauptstadt.

Er veranlasste den Bau wichtiger Orte wie des Gyeongbokgung-Palastes 경복궁 und von Märkten.

Hanyang war ein idealer Ort für eine Hauptstadt, da es in der Mitte von Joseon lag.

Außerdem führte der Han-Fluss 한강 mitten durch die Hauptstadt.

Somit war der Fluss sowohl von innerhalb als auch von außerhalb des Landes leicht zu erreichen.

Die Ära von König Sejong 세종 war bedeutend für Korea.

Er gründete einen Zirkel kluger Leute, um Regeln aufzustellen und die Zukunft des Landes zu planen.

Außerdem hat König Sejong viele großartige Dinge bewirkt, wie zum Beispiel die Einführung des koreanischen Alphabets Hangul 한글.

Zuvor konnte nicht jeder in Joseon lesen und schreiben, da man schwierige chinesische Schriftzeichen erlernen musste.

Dank der brillanten Erfindung des Hangul-Alphabets konnte nun jeder in Südkorea problemlos lesen und schreiben.

Aus diesem Grund nennt man ihn auch König Sejong den Großen 세종대왕. Er genießt in Korea hohes Ansehen.

Zu dieser Zeit schufen kluge Wissenschaftler zudem Jagyeoknu 자격루, eine Wasseruhr,

Angbuilgu 앙부일구, eine Sonnenuhr,

und den ersten Regenmesser der Welt zur Messung des Niederschlags.

Zu den berühmtesten Dingen aus der Joseon-Dynastie gehört die Keramik, insbesondere das weiße Porzellan.

Und die Menschen von Joseon trugen gerne weiße Kleidung.

Ausländer, die Joseon besuchten, nannten sie deshalb

baek eui min jok 백의민족.

Das bedeutet "Menschen mit weißer Kleidung"!

Zur Zeit der Joseon-Dynastie orientierten sich die Menschen am Konfuzianismus.

Er besagt, dass man seine Eltern und die Älteren respektieren und dem König gegenüber loyal sein muss.

Daher gab es in Joseon viele hervorragende Gelehrte.

m Jahr 1592 fiel Japan in Joseon ein und löste damit den Imjin-Krieg 임진왜란 aus.

Durch die japanische Invasion wurden die Paläste und wichtigen Orte von Joseon stark beschädigt.

Zahlreiche Menschen wurden getötet oder gefangen genommen.

Sie lieferten sich viele erbitterte Schlachten.

Die chinesische Ming-Dynastie schickte Truppen zur Unterstützung.

Ein wahrer Held des Krieges war jedoch Admiral Yi Sun-sin 이순신 aus Joseon.

Mit nur 13 Schiffen besiegte er in Myeongnyang 명량 133 japanische Schiffe!

Dies zählt zu den größten Seesiegen der Weltgeschichte.

Admiral Yi Sun-sin war ein außergewöhnlicher Anführer.

Während des Krieges sorgte er für den Schutz der Meere von Joseon.

Dazu benutzte er das von ihm erfundene mächtige Schildkrötenschiff, *geo buk seon*, 거북선.

Er führte seine gut ausgebildeten Soldaten an.

Er entwickelte raffinierte Pläne, um die japanischen Marineschiffe zu überlisten.

Er hat Schlachten wie die von Okpo 옥포,
die von Hansando 한산도
und die von Myeongnyang 명량 gewonnen.

Die Schildkrötenschiffe von Admiral Yi Sun-sin vernichteten die japanischen Schiffe, eins nach dem anderen!

Schließlich gewann Joseon nach sieben Jahren den Krieg.

Doch das Land und wichtige Orte in Joseon wurden stark beschädigt.

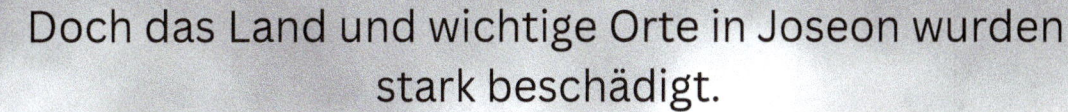

Das Volk von Joseon arbeitete mit aller Kraft daran, alles in Ordnung zu bringen.

Seither hat Joseon in Kultur und Geschichte Erstaunliches geleistet.

Es folgte eine der eindrucksvollsten Zeiten der koreanischen Geschichte!

Gegen Mitte des 19. Jahrhunderts wollten westliche Länder mit Joseon Handel treiben.

Aber die Regierung von Joseon lehnte ab.

Daraufhin griff 1866 eine französische Flotte und 1871 auch eine amerikanische Flotte an.

Trotz aller Widrigkeiten konnte Joseon diese Angriffe abwehren.

Im Jahr 1875 schickte Japan ein Kriegsschiff. Sie verlangten, dass Joseon sich für den Handel öffnete.

1876 wurde Joseon gezwungen, einen Vertrag zu unterzeichnen.

Es handelte sich jedoch um ein ungerechtes Abkommen, da es nur Japan Rechte einräumte.

Joseon musste zustimmen, weil Japan das Land mit seinem Militär bedrohte.

Anschließend begannen mächtige Länder wie Japan, sich die Ressourcen von Joseon anzueignen.

Zu seinem Schutz änderte Joseon 1897 seinen Namen in "Kaiserreich Korea", dae han je guk 대한제국, um.

Man bemühte sich um Veränderungen, wie die Verbesserung von Bildung und Industrie, aber das reichte nicht aus.

Japan entwickelte sich zum stärksten Land in Nordostasien, nachdem es Kriege gegen China und Russland gewonnen hatte.

Einige mutige Koreaner, wie der Patriot Ahn Jung-geun 안중근, versuchten,

die Welt über Japans ungerechte Handlungen aufzuklären.

Dabei riskierten sie sogar ihr eigenes Leben.

Leider wurde das Kaiserreich Korea im August 1910 gezwungen, sich Japan als Kolonie anzuschließen.

Während der japanischen Herrschaft über Korea wurde dem koreanischen Volk vieles weggenommen.

So mussten sie ihre Sprache, ihre Schreibweise und sogar ihre Namen ändern.

Darüber hinaus wurden sie gezwungen, als Arbeiter und Soldaten in den Kriegen zu dienen, die Japan führte.

Trotz alledem kämpfte das koreanische Volk hart, um seine Freiheit zurückzugewinnen.

Sie organisierten sich in Gruppen, um sowohl im eigenen Land als auch in anderen Ländern wie China, Russland und den Vereinigten Staaten gegen Japan zu kämpfen.

Am 1. März 1919 wurde die Freiheit ausgerufen, was in ganz Korea begeistert gefeiert wurde.

Bei diesem Kampf für die Freiheit war ein junger Student namens Yu Gwan-sun 유관순 von großer Bedeutung.

Die Befreiungsbewegung breitete sich sogar auf andere Länder wie die Mandschurei, die Vereinigten Staaten, Japan und Europa aus.

Sie errichteten eine provisorische Regierung in Shanghai und kämpften weiter gegen Japan.

Die Kapitulation Japans im Zweiten Weltkrieg erfolgte am 15. August 1945.

Korea erhielt seine Freiheit zurück!

Jedoch wurde das Land in Nord- und Südkorea aufgeteilt.

Um sicherzustellen, dass Japan keine weiteren Probleme verursachte, übernahmen amerikanische und sowjetische Soldaten die Verantwortung für den jeweiligen Teil.

Erstmals fand 1948 in Südkorea eine große Wahl statt, bei der die Regierung gewählt wurde.

Dabei sorgten die Vereinten Nationen dafür, dass alles fair ablief.

Noch im selben Jahr wurden wichtige Gesetze, nämlich eine Verfassung, verabschiedet.

Zum ersten Präsidenten wurde Syngman Rhee 이승만 gewählt.

Am 15. August wurde Südkorea offiziell ein eigenständiges Land.

Die Menschen hatten die Wahlfreiheit, ihre Führer zu wählen und nach gerechten Regeln zu leben.

Im Norden waren die Dinge jedoch anders.

Die Sowjetunion ließ nicht zu, dass die Vereinten Nationen prüften, ob die Wahl fair war.

Daher wurde am 9. September 1948 die Demokratische Volksrepublik Korea gegründet.

Zum Führer wurde Kim Il Sung 김일성 gewählt.

Dieser wollte die gesamte Halbinsel mit Gewalt erobern!

Laut den Vereinten Nationen war dieser Angriff inakzeptabel, weshalb man Soldaten entsandte, um ihn zu verhindern.

Allein die Vereinigten Staaten entsandten über 1,7 Millionen Soldaten.

Aus 63 Ländern kamen Soldaten, um zu kämpfen, medizinische Versorgung und Ressourcen bereitzustellen.

Sie alle kämpften erbittert in der Hoffnung, die Freiheit auf der koreanischen Halbinsel zu bewahren.

Nach drei Jahren brutaler Kämpfe einigten sich beide Seiten 1953 darauf, die Kämpfe einzustellen.

Seit der Unterzeichnung des Abkommens war Korea geteilt und wurde nie wieder vereinigt.

Am 38. Breitengrad, in der Mitte der koreanischen Halbinsel, waren die beiden Länder durch einen hohen Stacheldrahtzaun getrennt.

Im Zuge des Krieges hat Korea so ziemlich alles verloren.

Doch seitdem entwickelte sich Südkorea bemerkenswert positiv!

Der Grund dafür ist, dass sich alle für den Aufbau eines besseren Landes eingesetzt haben.

Man entwickelte Pläne, um die Wirtschaft des Landes zu fördern, was auch gelang.

Man hatte einen besonderen Plan, die Saemaul-Kampagne 새마을 운동.

Ziel war es, aus einem ärmlichen Bauernland ein modernes Land zu schaffen.

Man baute Schnellstraßen, Hochhäuser und eine U-Bahn!

Aber das Wichtigste war, dass das koreanische Volk eine " Alles ist machbar"-Einstellung hatte.

Die Welt nannte es das "Wunder von Han Fluss".

1988 war Südkorea Gastgeber der Olympischen Sommerspiele in Seoul!

Während der Olympischen Spiele traten 8,391 Athleten aus 159 Ländern in 237 Disziplinen an.

27,221 Freiwillige unterstützten die Veranstaltung.

Auch wenn es in der Welt Probleme gab, brachten die Olympischen Spiele in Seoul viele Länder in Frieden zusammen.

Südkorea stand im Jahr 1998 vor einem großen Geldproblem.

Zu jener Zeit war das Geld in Südkorea nicht mehr so viel wert, weshalb die Dinge mehr kosteten.

Für viele Unternehmen war es eine schwere Zeit, und einige mussten schließen. Viele Menschen verloren ihre Arbeit.

Das Land brauchte daher Unterstützung von einer großen internationalen Organisation namens IWF.

Doch alle Koreaner arbeiteten zusammen, um dem Land zu helfen.

Es gelang ihnen, die Schulden schneller zu tilgen, als alle dachten!

Und die Wirtschaft des Landes wurde stärker als je zuvor.

Anfang der 2000er Jahre begann Südkorea, Frieden mit Nordkorea zu schließen.

Dazu startete die südkoreanische Regierung einen Plan mit der Bezeichnung "Sonnenscheinpolitik".

Zum ersten Mal seit dem Koreakrieg trafen sich die Führer beider Länder!

Es gab Treffen und sie begannen, die beiden Länder wieder miteinander zu verbinden.

Man einigte sich darauf, in vielen Bereichen zusammenzuarbeiten, unter anderem in der Wirtschaft und im Tourismus.

Auch Familien, die während des Koreakrieges getrennt worden waren, konnten sich wiedersehen.

Auch heute noch werden die Bemühungen fortgesetzt, obwohl es mitunter schwierige Zeiten gibt.

Im Jahre 2002 richteten Südkorea und Japan gemeinsam die FIFA Fußball-Weltmeisterschaft aus!

Es war das erste Mal in der Geschichte, dass die Veranstaltung in zwei Ländern stattfand.

Insgesamt nahmen 32 Länder teil, wobei Südkorea und Japan zusammen 20 Städte stellten, in denen die Spiele stattfanden.

Das Engagement dieser beiden Länder für die Zukunft hat einen bleibenden Eindruck in der Welt hinterlassen.

Es war ein Großereignis, das zeigte, dass sich beide Länder trotz ihrer schwierigen Geschichte bemühen, nach vorne zu schauen.

2018

2018 war Südkorea Gastgeber der Olympischen Winterspiele in Pyeongchang und hat großartige Arbeit geleistet!

An den Spielen nahmen insgesamt 2.925 Athleten aus 92 Ländern teil.

Wieder einmal brachte es die Welt zusammen.

Während der Winterspiele trafen Südkorea und Nordkorea eine besondere Vereinbarung.

Anstelle ihrer eigenen Flaggen durften sie während der Eröffnungsfeier eine besondere Flagge verwenden, die die koreanische Halbinsel repräsentierte!

Diese besondere Flagge sollte die Einheit zwischen den beiden Nationen symbolisieren.

Bei bestimmten Wettkämpfen traten Sportler aus Nord- und Südkorea gemeinsam als ein Team an.

Südkorea hat trotz der schwierigen Zeiten während des Krieges mit Hilfe anderer Länder und der eigenen Bevölkerung Unglaubliches vollbracht.

Die Südkoreaner haben die Hilfe, die sie in schwierigen Zeiten erhalten haben, nicht vergessen.

Das Land tut jetzt viele gute Dinge, um diese Unterstützung zu erwidern.

Man hilft anderen Ländern mit finanzieller Unterstützung, Technologie, Medizin und zahlreichen anderen Mitteln.

Darüber hinaus gehen viele Koreaner freiwillig in andere Länder, um Menschen zu helfen, die in Not sind.

Heutzutage ist Südkorea eines der beliebtesten Länder der Welt!

K-Pop, koreanische Serien, Spielfilme und Essen werden auf der ganzen Welt geschätzt!

Bist du nicht auch schon sehr gespannt darauf, was Südkorea der Welt in Zukunft noch so alles Tolles bieten wird?

www.ingramcontent.com/pod-product-compliance
Lightning Source LLC
LaVergne TN
LVHW081457060526
838201LV00057BA/3063